D1986772

RUTH RALL
ANDREAS HAMBURGER

MURNAU

Herzlichen Dank für dein
wunderbares Spiel an
meiner Vernissage am
3.2.2004
Stanzi

Für Gerhard

Ruth Rall

RUTH RALL
Fotografie

ANDREAS HAMBURGER
Text

MURNAU: Ja. Schon.

BLATTWERK

Erschienen im Socio-medico Verlag, 82405 Wessobrunn

Herausgegeben von: Kathrin Mühlfellner
82418 Murnau, Telefon (0 88 41) 62 98 00

Layout & Technik: Kreativ & mehr Padberg, 82441 Ohlstadt
Druck & Bindung: EOS Verlag + Druck, 86941 St. Ottilien

ISBN 3-927290-82-3

Spaziergang, gemeinsame Suche nach Bildern – sichtbaren, vergangenen, erkundeten, beiläufig bemerkten. Wir erleben einen Ort, erfahren, erlaufen ihn.

Uns verbindet das Vergnügen der Wahrnehmung. Nehmen, was wahr ist. Bilder bemerken, mit Worten spielen, mit Sprache handeln. Aufmerksam machen. Wir hatten uns einiges zu zeigen und zu sagen. Daraus ist dieses Buch geworden. Es ist gedacht, Räume zu öffnen, ohne sie auszufüllen: damit noch etwas zu entdecken bleibt.

Es ist sehr subjektiv, keine Frage. Sogar intersubjektiv.
Verständlich, dass es weder bilden will noch belehren, sondern begleiten. Weniger noch: Einladen. Auf eigene Bilder, eigene Wege, eigene Blicke.

Ruth Rall
Andreas Hamburger

Geschichte und Geschichten

Zeit und Augenblick

Zeichen

Ungesehene Bilder bedeuten nichts. Der Betrachter erst fügt sie in seine Welt. Die gesehene Welt, die uns scheinbar naturhaft vor Augen liegt, ist konstruiert, gesetzt wie die Worte in einem geschriebenen Text. Konfrontiert mit der Schrift wird der Augenblick zum Zeichen.

Volkshochschule Murnau
Kurgästehaus Murnau
Freitag, 4. März 20 Uhr
zum 90. Geburtstag
in den Original Arrangements
Musikalische Leitung:
Herbert Gretschmann
Vortrag mit Schwarz-Weiß-Dias

Augenblick

Die Kamera fixiert auch das Flüchtige. Die unwiederbringliche Welt des Augenblicks.

Die kleinste subjektive Zeiteinheit ist der Moment. Movimentum. Bewegung.
Die Bewegung des Augenlids, der Blick.

Das Auf- und Zuschnellen der metallenen Iris greift das movimentum künstlich heraus, macht es zeitlos. Fotografie ist Versenkung in den Augenblick.

Murnau? Oh, yes!

Blauer Reiter. The Goethe Institute. Very nice people. Wenn ich in Deutschland lebte, ginge ich nach Murnau. Ein schöner Ort. Krankenhaus. Da war ich beim Bund. Murnau – ist das nicht ein Regisseur? Jeder kennt Murnau, irgendwie. Das greifbare Städtchen am Alpenrand. Ein Begriff, eine Lebensform, eine Hoffnung. Ein virtueller Ort, an dem sich Sehnsüchte kreuzen. Gelobtes Idyll? Künstlerkolonie? Bermudadreieck? Fluchtpunkt? Alles, und noch etwas.

Murnau liegt seltsamerweise näher bei München als umgekehrt. Für die Murnauer ist München die Kulturmeile vor der Tür – die Münchner dagegen packen die Koffer, wenn sie nach Murnau reisen.

Die Sonne steht immer ein paar Grad südlicher auf dem Markt, der sich sanft zum Moor hinunterneigt. Man kann es auf der Haut fühlen. Dahinter, oft in einem bläulichen Schleier, die Berge: genau in der richtigen Entfernung.

Murnau war nie ein Fernhandelsplatz. Hier gehen die Geschäfte müßiger. Wer heute nicht kauft, kommt morgen wieder.

Pöltl

Wie andere Orte auch,
ist Murnau bevölkert von Menschen.
Genauer: von Murnauern.

Was ist ein Murnauer?

»Ich bin ein Berliner« hat einmal jemand gesagt. Sympathisch, eben weil er keiner war. »Ich bin ein Frankfurter« hätte nicht funktioniert. Murnauer wird man durch Geburt, durch Akklamation oder durch Gewöhnung (gegen- oder einseitige). Manch einer wird es nie. Für den ist auch Platz.

Dr. Ingeborg Haeckel. Ehemalige Schüler erinnern sich noch an ihre botanischen Exkursionen. Sie ließ einen Quadratmeter Wiese abstecken und rigoros alles klassifizieren, was da lebte und kroch. Der Enkelin des großen Zoologen und Philosophen Ernst Haeckel ging es um den Respekt vor der Natur. Ihr verdankt der Naturschutz in Deutschland wesentliche Impulse.

Spuren

Als vor 20 000 Jahren der Würmtalgletscher seine Eisfinger nach Norden schob, ahnte noch niemand, welch liebliche Pfützen er einst hinterlassen würde.

Aus der südlichsten, sumpfigsten, wurde das Murnauer Moos. An seinen fruchtbaren Rändern ließ sich schon in der Bronzezeit die Menschheit nieder, bestellte die Felder und begann, sich die Köpfe einzuschlagen. Die Kultur hatte begonnen.

»Strahdrischn« in einer seit alters bewirtschafteten Streuwiese im Moor.

Gabriele Münters waldumsäumter Staffelsee

Der See, der ein Berg war: Ein abgetragener Quarzitköchel, der sogar der Eiszeit getrotzt und den erst der Straßenbau besiegt hatte, verwandelt sich in eine rechteckige Idylle.

Warum fällt uns auf, dass die ältesten Zeugnisse christlicher Kultur so vereinzelt dastehen, so weitab vom Markt? Noch die Hauptkirche St. Nikolaus scheint in zweiter Reihe zu stehen. Das war nicht immer so. Einst stand sie in majestätischer Freiheit neben dem Schloss der Ettaler Vögte, zu beider Füßen der gestreckte Markt mit seinen Anwesen. Heute sind die Freiflächen zugebaut.

Dabei geht Murnaus Frömmigkeit auf das frühe Christentum zurück.

In Murnau lässt man die Kirche beim Dorf – mit Betonung auf »beim«: Die Kirche im Markt selbst fällt dagegen eher schmächtig aus.

Sinn

Sinne

Vom Staffelsee aus wurde das Christentum im Umkreis verkündet. Schon im 7. Jahrhundert siedelten Benediktinermönche auf der Insel Wörth im Staffelsee und christianisierten von hier aus die Umgebung. Ob die Moosbewohner an den Neuerungen sehr interessiert waren? Die Mönche jedenfalls hatten auf der Insel Wörth sichere Wohnung.

Das »Ähndl«, die Kirche im Moos, ist nicht viel jünger. Heute genießt man hier den Biergarten oder man joggt mal eben vorbei. Es ist die List der Geschichte, in jeder Epoche die Menschen an die richtigen Stellen zu locken.

Seit Hollywood leben wir in der Welt der gemachten Bilder. Begonnen hat die gezielte Illusion im Barock: Große Inszenierungen.

Und sie bewegt sich doch.

»Unterm Krummstab ist gut wohnen«, so lautet eine Weisheit derjenigen, die zwischen hochmütigen und hochwürdigen Herren zu wählen hatten. Murnau hatte sozusagen beides.

Stell Dir vor es ist Huldigung – und keiner geht hin.

Eine der ältesten und bis heute gelegentlich wirksamen Tugenden des Murnauers schlechthin ist eine gewissen Beharrlichkeit im Verweigern. Sie hat eine lange Tradition, die ihren deutlichsten Ausdruck schon vor über 300 Jahren fand: Abt Romuald von Ettal – ein gebürtiger Weilheimer, was schon etwas sagt – befahl die Murnauer in den Schlosshof zur Rechnungslegung und Huldigung. Niemand erschien. Murnau fand, man sei dem Abt weder untertan noch Rechnung schuldig. Wutschnaubend fuhr der Abt nach Hause, es kam zur offenen Auseinandersetzung mit gegenseitigen Gefangennahmen. Das folgende gerichtliche Nachspiel in München führte zwar letztlich zum Obsiegen des Abtes, doch hat sich seither in Murnau die Tradition erhalten, spätestens nach einigen Jahrhunderten der Unrechtsherrschaft aufzubegehren, und zwar in aller Stille und Entschlossenheit.

STOPPT
DIE
GEWALT

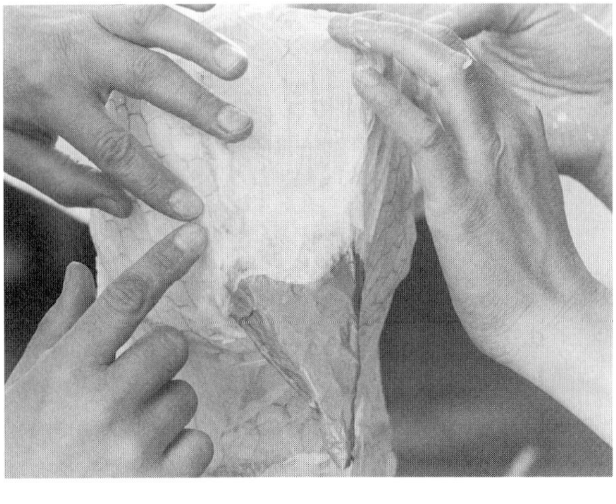

Und dann sind sie eben doch hingegangen, die Murnauer. Jeden Montag. Monatelang. Ein Krieg sollte kommen, den keiner wollte. Sind hingegangen, mitten in den Markt, und haben es gezeigt: leise, ja, und gerade so laut, daß es weithin zu hören war.

Das »Manderl« am Pöltl-Eck, Zeichen des Kolonialwarenhandels.

Murnau ist ein Konglomerat schon von alters her, ein Markt, kein Dorf. Hier sind Menschen zusammengekommen, gegangen und wieder gekommen.

Als Rottplatz und kleiner Markt beherbergte Murnau neben seinen zahlreichen Brauereien auch immer schon Handwerksbetriebe. Durch den städtischen Zuzug seit der Jahrhundertwende gestaltete sich der Handelsplatz nach und nach zur Erholungslandschaft um. Jugendstilelemente drangen in die örtliche Architektur ein, das Handwerk begann, sich an Freizeitbedürfnissen zu orientieren.

Markt

Leben

Das bedächtige Pulsieren des Marktlebens hat Platz geschaffen.

Blumen Müssig Gemüse & Früchte

18
PISTAZIE
SPECIALITA

i Capelli
♀♂

Modefriseur
STELZL

KOSMETIKSTUDIO
21
PARFUMERIE
REBHOLZ

In den Gesichtern der Menschen spiegeln sich ihre Geschichte und ihre Gesichte: die Zeit, die sie gesehen haben.

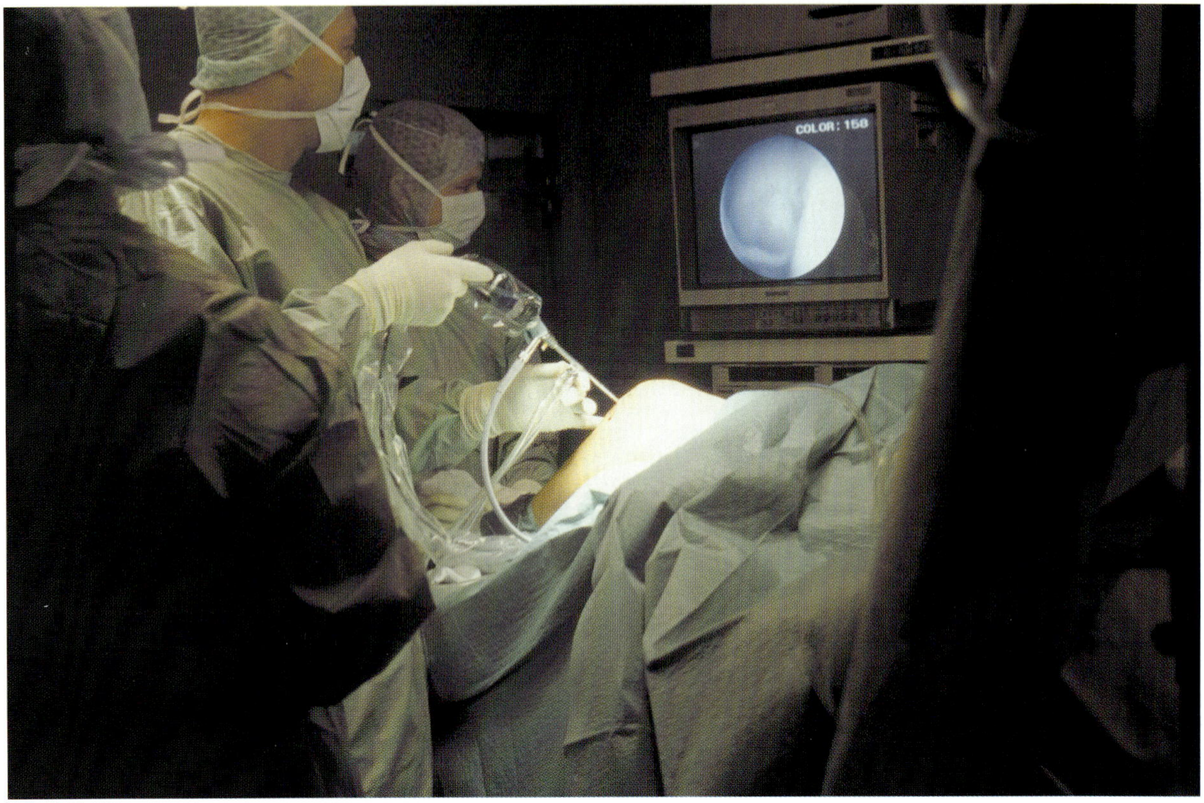
COLOR: 158

Für Fußgänger. Haben Sie etwas Zeit?

Es war einmal ein kleines Haus. Das lud den Blick zum Verweilen ein und bot dem Wanderer Rast. Es durfte nicht bleiben, das Haus: keine Zeit!

Winkel

Begradigungen

Manche Häuser dürfen bleiben – und weiterleben.

PAULANER
MÜNCHEN
Zum Zacherl-Bräu
SPATEN

Elli Beurers Vater stattete viele Villen in Murnau und Umgebung mit Möbeln und Draperien aus. Bis ins Jahr 2000 war der Laden im historischen Beurer-Haus ein Antiquitätengeschäft, besser: eine Zuflucht der Dinge. Heute ist dort eine Kunstgalerie.

Idyll

?

Ins Freie

Die ersten Münchner suchten in Murnau noch nicht das Idyll. Sie wollten nur Land, ein Rückzugsgebiet aus der engen, ungesunden und in Krisenzeiten schlecht versorgten Stadt. Max Emanuel Ainmiller, der Leiter der königlichen Glasmalerei zu München, war vielleicht der erste berühmte Münchner, der sich 1856 in Murnau einkaufte. Die Villa im Schweizer Stil baute aber erst sein Sohn 1887.

Das gelobte Land

Emanuel von Seidl war der beherzte Liebhaber der Landschaft: In kühnem Zugriff gestaltete er sie zur Naturkulisse für seine berühmten Feste. Sogar das Münchner Hoftheater kam in die Seidl-Villa, um dort Theateraufführungen zu veranstalten. Mit ihm kamen die Künstler. Murnau wurde im München der Prinzregentenzeit zum Begriff.

Träume kann man nicht festhalten

Seidl war nicht der erste, aber der entschiedenste städtische Wahlmurnauer. Murnau verdankt ihm seine großbürgerlichen Gesichtszüge, deren schönste Partien allerdings heute zerstört sind. Seidls Landhaus und sein märchenhafter Park voller Weimar-Zitate, urbane Stätte der Kunst, weithin berühmt und besucht von Dichtern, Malern, Musikern, Königinnen und Prinzen – es verkam.

»Sein Andenken lebt weiter«, schrieb Georg Jacob Wolf zehn Jahre nach Seidls Tod, »sein Einfluß wirkt fort – nirgends so sehr wie in Murnau, das seinem hochverehrten Ehrenbürger heute wie einst die Treue hält und sich dankbar seines Wirkens für Murnau bewusst bleibt.« Dankbarkeit? Tja.

Der Park wucherte zu. Das Haus wurde 1972 abgerissen. An Stelle der ehemals großzügigen Wirtschaftsgebäude setzte man eine Plastikschachtel. Vielleicht war das Schicksal weise, das die Engstirnigkeit zuließ, diesem Traum ein Ende zu setzen. Denkmalschutz für Träume gibt es nicht. Die Häuser hätte man erhalten können – das Leben nicht.

Murnau, hier Murnau

Vereinzelte Schlösschen und Villen waren im Umkreis des Staffelsees schon entstanden, als 1879 die Bahnstrecke nach Murnau fertiggestellt wurde. Der Strom der Ausflügler blieb in Murnau: Von hier aus ging es nur noch mit dem Stellwagen weiter nach Kochel, Garmisch und Oberammergau …

MURNAU
MURNAU

Schlösschen und Villen

Seidls prunkvolles Landleben machte Murnau modern. Pensionierte Exzellenzen, Industrielle, Gelehrte nahmen Wohnung in Murnau und Umgebung und pflegten ein reges gesellschaftliches Sommerleben. Man hatte Bootshäuser und ging segeln. Einige bauten sich prachtvolle Landsitze. Wer blieb, blieb für lange.

Auf der Insel Wörth errichtete Max von Seubert ein optisches Pendant, um sein Schloss Seeleiten im Auge des Sees zu spiegeln. Die Romantik des Märchenkönigs hatte auch nüchterne Industrielle erfasst.

Nach Murnau kamen Bürger und Barone, Wissenschaftler, Schriftsteller, Musiker, Maler, Menschen auf der Durchreise und solche, die einen Platz zum Bleiben suchten – vielleicht auch eine Zuflucht.

James Loeb

Der wohlhabende Privatgelehrte widmete sein Vermögen großzügigen Stiftungen. Nicht nur Murnau, auch München verdankt ihm Krankenhäuser und große kulturelle Einrichtungen. Er ist Stifter und Begründer der »Loeb Classical Library«. Heute ist sein weitläufiges Wohnhaus Teil einer Kinderklinik.

Die bedeutenden Zugereisten, die seit der Jahrhundertwende nach Murnau strömten, konnten hier auf eine ganz eigene Weise verweilen, in einer Umlaufbahn um das Herz des Marktes. Sie bauten ihre Villen meist in einiger Entfernung, umgaben sie mit großen Gärten – aber zur Promenade zog es sie in die Marktstraße mit ihren Musikcafés. Und an den See: Sommerfrische.

Für die Gesundheit war der Staffelsee schon längst entdeckt. Hofrat Asam verschrieb in seiner Kuranstalt Seeblick Stahlbäder – natürlich im dichten Schatten des waldigen Ufers. Man wollte sich ja keine Verbrennungen holen. Direkt aus hölzernen Umkleidekabinen in den See hinaus zogen anämische Damen züchtig ihre gemessenen Runden.

Sommer

frische

Die Sommergäste, die nun in größerer Zahl anreisten – jeder einzelne noch treulich im »Staffelsee-Boten« vermerkt –, und die Villenbewohner trafen sich, nun zunehmend auch der Sonne hold, im zentralen Austragungsort der Sommerfrische: dem Strandbad.

Gabriele Münter

Fluchtpunkt? Bermudadreieck? – Immer wieder leuchtet im Umkreis von Murnau Merkwürdiges auf und verschwindet alsbald wieder. Schon die Plein-Air-Maler der Romantik zogen ins Murnauer Moos. Emanuel von Seidls Gutsherren-Idyll lud Vertreter aller Künste zum Verweilen ein. Auf der Flucht vor dem Expressionismus suchten sie das unberührte Landleben. Doch die gefürchtete Moderne klebte ihnen an den Hacken: Der Blaue Reiter zog ins Dorf. So kann es gehen. Harmlos und vergnügt musizierte, malte, schrieb man in den bürgerlichen Salons in und um Murnau. Und unversehens kam ein Horváth dabei heraus.

Kunst

und so

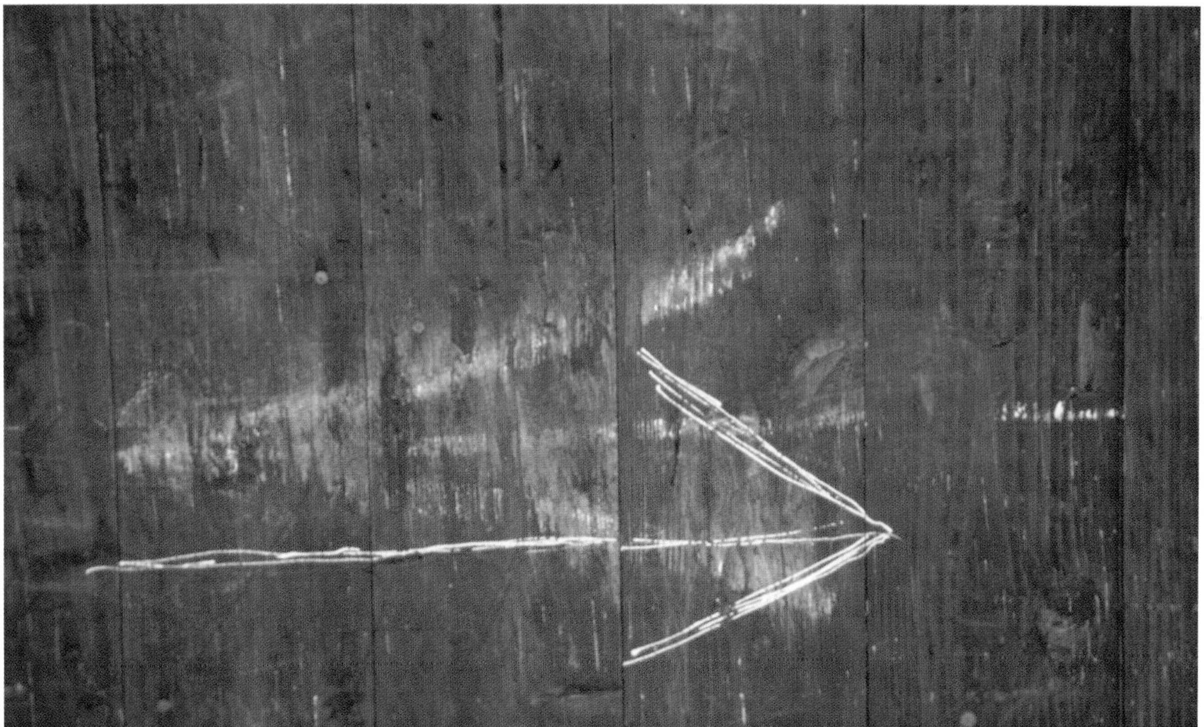

Wunderwelt hinter Glas

Hinterglasmaler: Frühe Illusionisten, nicht nur der Frömmigkeit. Die wunderbaren Farben der Hinterglasmalerei ließen den Gläubigen schon einen Blick in den Himmel werfen. Doch auch als profane Kunst hat sie eigene Bedeutung. Die Glasmalkunst, die auch die Blauen Reiter faszinierte, wird bis heute weiterentwickelt.

Die Farben des Lichts

Was ist los mit diesem Licht über dem Moor, über dem See, in den kalten Flanken der Berge.
Wer hat den Himmel koloriert?

Föhnlicht: Blaue Schatten, harte Kanten. Intensität.
Wassily Kandinsky hat hier die Abstraktion in der Malerei gültig formuliert.

Eine neue Sprache der Kunst

Eine kritische Masse fand sich in den Jahren 1909 bis 1914 in einem kleinen Häuschen in Murnau zusammen. Die Künstlergruppe um Wassily Kandinsky und Gabriele Münter, mit Alexej Jawlensky, Marianne von Werefkin und später Franz Marc, machte erste, entscheidende Schritte auf dem Weg von der gegenständlichen zur abstrakten Malerei.

Hier wurde der Almanach »Der Blaue Reiter« vorbereitet, der im Jahr 1912 erschien.

Horváth

Murnaus bedeutendster Stiefsohn: Ödön von Horváth. Er war – erstaunlich – am Stammtisch im Hotel Post als schweigender, notierender Zaungast geduldet: ein Eckermann der Wirtshausprosa. Aus den Notaten montierte er seine sarkastische bajuwarisierende Kleinbürgerprosa, malte seine sehnsüchtigen, gebrochenen Gestalten auf die grobe Leinwand des alltäglichen Wahnsinns.

Szene aus der 1994 von Schülern des Staffelsee-Gymnasiums unter der Regie von Otto Huber aufgeführten »Italienischen Nacht«. Eine Premiere im doppelten Sinn: Bis dahin war der als Nestbeschmutzer nicht eben hochgeschätzte Ödön von Horváth in Murnau noch nie aufgeführt worden.

Deutschland
erwache
Murnau
grüsst den
Führer

Murnau und Murnau

In der Welt löst das Wort »Murnau« nur in zweiter Linie Erinnerung an einen kleinen bayerischen Ort aus. In erster Linie verbindet man den Namen mit Friedrich Wilhelm Murnau, dem Schöpfer einer neuen Filmsprache. Der Gleichklang ist kein Zufall. Friedrich Wilhelm Plumpe nannte sich seit 1910 »Murnau«, nachdem er hier Max Reinhardts Inszenierung des »Sommernachtstraums« erlebt hatte – vielleicht sogar als Mitwirkender.

AMERICA
PIE2
RITTER LEIDENSCHAFT
MANITU
AMERICAN

Musik

Im Gegensatz zu den Künsten, die einsam ein Werk schaffen, erzeugt der Musiker ein »Event« – altmodisch gesagt: ein Fest. Wie das Theater, das aus dem Fest entstanden ist. Theater und Musik geschehen im Augenblick.

Musik verbindet die Schichten der Gesellschaft: Geselligkeit. Noch die zerstrittensten Dörfer halten zusammen, wenn es ums Aufspielen geht.

Tarek Rasouli war ein Mountainbike-Crack. Dann kam der Unfall. Tarek hat nicht aufgegeben.

Von Ikarus bis zu den Punks sucht die Jugend sich selbst – das Unbekannte – und findet: Neues?

Jugend

undercover

JOKER
BILLARD-BIST

Jugendzentrum
Murnau

Ein Markt braucht sein Bier.

Seit dem 17. Jahrhundert waren in Murnau ca. 10 Brauereien ansässig.

Wehmütig schrieb der Chronist Jakob Gebhart im Jahre 1929: »Im Jahre 1860 versotten die Brauereien des Marktes noch 3974 Scheffel Malz, bis der moderne Brauereigroßbetrieb und dessen Export in scharfen Wettbewerb trat und die tief einschneidenden wirtschaftlichen Maßnahmen im Weltkrieg diesem blühenden Gewerbe das Marktes den Todesstoß versetzten.«

Es gibt aber noch Hoffnung. Seitdem haben zwei Brauereien eröffnet.

-bräu

Gast- und andere Stätten

Murnaus berühmte Weißbierbrauerei Karg gehört nicht nur zum Ort, sondern zum Lebensgefühl.

Der Griesbräu, eine der alten Brauereien, nahm im Jahr 2000 den Betrieb wieder auf – als Schaubrauerei. Was einst galt wie Brot, ist jetzt Erlebnisgastronomie.

Ursprünglich hatte Murnau vier große Biergärten, »Bierkeller« genannt wegen der darunter befindlichen Lagerstätte: Zacherlbräu, Pantlbräu, Griesbräu, Angerbräu.

1929 war nur noch der Pantlkeller übrig. Er ist inzwischen einem Supermarkt gewichen.

Heute trifft man sich zum Genuss im Grünen vor allem im »Ähndl«. Ohne Keller.

Gasthäuser

Um die Jahrhundertwende war der Markt geprägt von Straßencafes, oft mit Musik, wie dem Café Seerose oder dem Hotel Post. Später das Café Herrschmann und – beliebter Treffpunkt – das Café Fodermair, heute Krönner.

Daneben die behäbigen Wirtshäuser, die es in einem Marktort geben muss. Sie wetteifern um die größte Schweinshaxn – und obwohl die Liga inzwischen weit über der Aufnahmefähigkeit des Durchschnittsmagens spielt, nehmen die Gäste mit großem Ernst an dem edlen Wettstreit teil.

Conditor
Cafe Fodermair

Was ist Zeit?

Vergangenheit schichtet sich in sichtbaren, erfahrbaren Räumen. Kalksedimente im Wasserkessel, Reisigzeilen, die das letzte Hochwasser auf den Kiesstrand geschoben hat.

Die kleine Mauernische, in der einmal ein Talglicht stand. Oder etwas anderes.

Das Auge der Kamera sichert willkürlich und durchaus brutal die Zeichen der Geschichte – der Geschichten, die in den Bildern nisten.

Zeit

Raum

Murnau 6 km
Seehausen 5 km
Böbing 15 km
Schöffau 6 km
HEUTE
FUSSBALL

»Murnau? Ja. Schon.«

Wer sich als Murnauer zu erkennen gibt, kann durchaus auch in der Fremde ein erfreutes: »Ach, aus Murnau?« hören. »Ja«, antwortet er, »kennen Sie es?« – »Murnau? Ja. Schon.«*

Woher kommt dem Namen dieser Klang? Warum ist er irgendwie vertraut? Allein die schönen Berge, der schöne See sind es nicht. Auch nicht das Moos, die alten christlichen Spuren, der Markt. Vor allem ist es die besondere Mischung von Menschen, die sich hier gefunden haben. Die Entdeckung der Natur als das »Andere der Vernunft« im 18. Jahrhundert, die der Philosoph Gernot Böhme beschreibt, die Romantisierung und Idyllisierung der Landschaft im 19. Jahrhundert, der ihr folgende frühe und nachhaltige Zuzug städtischer Kultur nach Murnau – all das erzeugte im Landidyll eine kritische Masse von Multiplikatoren. Sie haben den Charakter des Ortes bis heute sichtbar geprägt – und seinen Ruhm. Ob freilich der Begriff der »kritischen Masse«, in der Kernphysik die Bedingung einer von selbst weiterlaufenden Kettenreaktion, auch in seiner Explosivität ganz auf Murnau passt, sei dahingestellt. Jedenfalls ging es eine Zeit lang recht kritisch zu – und sehr dicht.

In Murnau selbst hat sich die prägende Rolle der Fremden allerdings erst langsam herumgesprochen. In den Darstellungen der Ortsgeschichte wird das »bürgerliche Murnau«, das Murnau der Sommerfrische und der Landpartien, der Künstler und Denker kaum erwähnt.[1] Erst 1988, mit der ersten Murnauer Horváth-Ausstellung[2] und den Ausstellungen des Schlossmuseums seit 1993[3] findet dieses andere Murnau Eingang in das veröffentlichte Geschichtsbewusstsein. Was hat den Ort für so anziehend gemacht? Seine Lage? Seine Geschichte? Sein Licht? Was sind die Elemente des Phänomens Murnau?

* Ich danke für Hinweise zur diesem Artikel Elli Beurer und Werner Kraus. Marion Hruschka, Elke Kaiser, Ingeborg Meyer-Palmedo. Brigitte Salmen und Elisabeth Tworek darüber hinaus auch für die kritische Durchsicht früherer Fassungen des Manuskripts, ohne ihnen die Verantwortung für meine Schlussfolgerungen aufbürden zu wollen.

Naturkulisse

Moor und See umrahmen den Ort, liefern ihm Kontext und Kulisse. Das Auge des Reisenden ruht auf dem Murnauer Moos, einem zweiten, zartblühenden See, unterbrochen von scharf geschnittenen Quarzithügeln. Man glaubt, reine Natur zu erblicken – ein Glaube, der schon die Künstler und ihre stadtflüchtigen Gefolgsleute, die bürgerlichen Siedler anlockte. Freilich: Die scheinbar unberührte Natur ist Illusion. Die Schönheit des Mooses, seine einzigartige Perspektive ist eine Nebenwirkung langer Kulturarbeit. Ohne die Jahrhunderte bäuerlichen Fleißes wüchse hier nur Erlengestrüpp. Diese Landschaftspflege war wirtschaftlich bedingt: Das Moos lieferte – unter anderem – die für die Viehhaltung notwendige Streu. Besonders die trockenen Streuwiesen um das Murnauer Moos waren begehrt. Nach mittelalterlichem Modell standen sie nicht im Privateigentum, sondern gehörten der jeweiligen Gemeinde. In Murnau wurden die Flächen alle zehn Jahre unter den Bauern verlost.[4] Der Grund dafür: Es gab, je nach Lage, bessere und schlechtere Stücke, nasse und trockene Streuwiesen. Trockene Streu aber war wertvoll, bedeutete gesundes Vieh: um sie zu gewinnen, wurde etwa in Nürnberg der Reichswald mit Besen ausgekehrt. Die Murnauer hatten, zu ihrem Glück, so viel trockene Streu, dass sie sie sogar – in bescheidenem Umfang – bis Österreich exportieren konnten. Außer den Streuwiesen am Rande wurden auch im Inneren, dem Hochmoor, Torfmoose (Phagnum) als Streu abgebaut. Erst durch diese Pflege ist das Murnauer Moos, das wir heute kennen, mit seinen Iriswiesen und dem üppigen Blütenreichtum entstanden.[5]

Am Rand des Mooses, nach Murnau zu, am »Ähndl«, steht eine kleine Kirche, ein eigener, seltsam friedlicher Ort. Hier wurde eines der ältesten Zeugnisse des Christentums in Deutschland für die Öffentlichkeit wiederentdeckt: die unscheinbare eiserne »Glocke des Hl. Magnus.« Zwar war sie schon lange als uralt bekannt und beschrieben,[6] blieb aber in ihrer Herkunft umstritten und wurde in der Öffentlichkeit noch wenig beachtet. Erst ihre Restaurierung im Jahr 2002 machte allgemein bewusst, dass es sich um eine der wenigen erhaltenen Glocken handelt, möglicherweise vom Hl. Bonifaz selbst in

Auftrag gegeben, die die ersten Missionare um 700 n. Chr. benutzten, um den Heiden des Festlands die frohe Botschaft zu bringen. 1300 Jahre lang hat die bescheidene Handglocke dem Murnauer Moos geläutet – man hofft, dass sie ihren Platz dort behalten darf.

Auf der anderen Seite des Ortes, jenseits eines charakteristischen, labyrinthisch zerfurchten Moränenzuges, liegt das zweite Epizentrum des Murnauer Gefühls: der Staffelsee. Wie ein stiller Traum räkelt er sich zwischen Schilfbuchten und waldigen Säumen, umspült seine Inseln, deren größte, die Wörth, ein uraltes spirituelles Zentrum, erstaunliche Wege und verborgene Fjorde enthält – an ihrer Seite wie ein verspieltes Kind die kleinste, das gerade handtuchgroße Robinson-Eiland der Jakobsinsel. Der See ist ebenfalls von historischer Bedeutung. Von seiner Hauptinsel Wörth ging bereits seit der zweiten Hälfte des 7. Jahrhunderts die Christianisierung der Region aus.[7] Der Vorgängerbau des kleinen, lange zugewucherten Inselkirchleins war bis 1743 als Pfarrkirche auch für die Murnauer Filialkirche St. Nikolaus zuständig.

Das dritte und vielleicht entscheidende Element aber ist das Licht. Es faszinierte die Maler von der Romantik bis zum Expressionismus. Und es fordert noch immer neue Bilder heraus. Das spezielle Murnauer Licht, komponiert aus der – man kann es nicht leugnen: weißblauen Bergkulisse, dem seidigroten Schimmer des Moores und der Kühle des Sees, macht alle Gegenstände filigran und alle Probleme relativ. Dieses Licht ist der Hauptschuldige, dass so viele gekommen sind – und geblieben. Sein Bogen reicht von der naiven Farbseligkeit der Hinterglasmalerei über die Plein-Air-Maler der Romantik, die Seidl-Idylle bis über den Blauen Reiter hinaus, in dessen Werken, ja vielleicht noch in dessen Namen sich das klare, wuchtige Föhnlicht spiegelt. Die scharf hervortretenden violetten Schatten bei Kandinsky, Münter, Jawlensky – an jenen gestohlenen Sommertagen, die der Südwind noch im Herbst den Bayern beschert, sind sie purer Naturalismus.

Erde, Wasser, Luft – drei Elemente des Murnauseins. Auch das vierte Element hat seinen Platz in der Geschichte. Gebrannt hat Murnau wahrlich oft genug. Aber es hat auch geschmiedet, gehämmert und vor allem gebraut.

Handel und Wandel

Murnau ist ein Ort der Bewegung und der Begegnung. An den Rändern des Mooses könnten sich bereits in der Bronzezeit erste Ansiedlungen befunden haben. Eine Römerstraße wand sich am Ostrand des Mooses entlang. Auf dem (inzwischen abgetragenen) Moosberg, einem der charakteristischen Quarzitköchel des Mooses, ist eine spätrömische Siedlung belegt.[8]

Im mittelalterlichen Rottsystem, einem Wegenetz mit festgelegten Umladestationen, spielte Murnau als Rottstation eine Rolle. Die Ware etwa aus Venedig kam über den Brenner nach Partenkirchen. Auf dem Weg weiter nach Augsburg konnten die Handelsleute zwischen mehreren Trassen wählen: Die Straße über Murnau und Weilheim rivalisierte mit der über den Ettaler Berg und Schongau. In seinem Buch über die Ettaler Bergstraße hat Dussler anschaulich das je nach den Bedingungen der Witterung oder der Regierung rasch wechselnde Wege- oder besser Unwegenetz des Oberlandes und die mit ihm verbundenen Querelen und Privilegien beschrieben (hier erfahren wir zu unserer Befriedigung auch, dass der Verkehrsstau bei Oberau auf das 16. Jahrhundert zurückgeht).[9] Mit der wachsenden wirtschaftlichen Bedeutung Münchens kam ein neues Handelsziel hinzu, die Murnauer Route wurde aufgewertet. Am Rast- und Umladeplatz siedelten sich Händler, Handwerker, Brauer und Wirte an. Ein Markt entstand.

Die frühe politische Verfassung des Ortes folgt einer eigenartigen Doppelbewegung. Im frühen 14. Jahrhundert war Murnau Augsburger Besitz; die mit der Murnauer Burg verbundenen Gerichtsrechte lagen bei den Wittelsbachern.[10] 1324 belehnte Kaiser Ludwig der Bayer den Berthold von Seefeld mit der Murnauer Herrschaft (eine Finanztransaktion: Er löste damit das an dessen Familie verpfändete Dachau aus). Und noch vor 1329 verlieh er dem zum Bistum Augsburg gehörenden Ort Marktpriviliegien und eigene Gerichtsbarkeit. Wenige Jahre später jedoch schlug der Kaiser eine fromme Volte. Er gründete das Kloster Ettal und kaufte 1332 den Markt Murnau vom Augsburger Bischof, um ihn seinem neu gegründeten Kloster zu schenken, unter dessen Hoheit und Gericht er bis zur Säkularisation 1803 blieb. Dieser historische »double bind« hatte jahrhundertelange Querelen zur Folge, darunter den bekannten Huldigungs-Skandal vom 27. Januar 1698.[11]

Im Lauf der Jahrhunderte entwickelte sich in Murnau ein reges Wirtschaftsleben,[12] abzulesen unter anderem am Brauwesen: Die Getreidebedarfsschätzung für Murnau von 1679 weist das Brauereihandwerk als eine der stärksten Berufsgruppen aus.[13] Mit der aufkommenden Konkurrenz von Industriewaren freilich geriet so manche kleingewerbliche Produktion in Bedrängnis. Neue Märkte mussten erschlossen werden. Murnau war bereit, sich entdecken zu lassen.

Aufs Land!

Die Wirtschaftsentwicklung des Marktes ebenso wie seine politische Geschichte bieten lediglich den Hintergrund für seinen heutigen Ruhm. Entscheidend war seine Entdeckung im 19. und frühen 20. Jahrhundert – und zwar eben nicht als Wirtschafts-, sondern als Erholungsraum: als Landidyll. Das ging in mehreren Schritten. Der erste war wohl die Wirkung des Mooslichtes auf die Plein-Air-Maler der Romantik[14] und die ihr nachfolgende Idyllisierung, der zweite die Entdeckung des Staffelsees als heilendes Gewässer. Während die Künstler das Terrain wandernd erkundeten und lichtselige Bilder in die Hauptstädte brachten, lockte die Gesundheitsbewegung des späten 19. Jahrhunderts den Städter höchstselbst in größerer Zahl ins Freie. Das Paradies wurde betretbar. Murnau öffnete sich dem Fremdenverkehr.

Liebesgeschichte 1:

Der Bauer und die Herzogin

Eine kleine Vor-Geschichte gehört hierher, die eigentlich nicht in Murnau spielt, die aber doch große Wirkung auf die gesamte Umgebung hatte und die in der langen Reihe der Oberländer Liebesgeschichten die erste, vielleicht auch die bedeutsamste ist. In seinem Roman »Die Dame mit dem Samtvisier« hat Horst Wolfram Geissler[15] der Herzogin Maria Anna von Bayern ein literarisches Denkmal gesetzt. Die »Herzogin Klemens«, wie die resolute Dame nach ihrem weniger beherzten Ehemann – einem Cousin des regierenden Kurfürsten Max Joseph – auch genannt wurde, spielte eine Schlüsselrolle in der Dreiecksintrige zwischen dem designierten Kurfürsten Karl Theodor, Kaiser Joseph II. und Friedrich dem Großen. Und sie hätte gut gespielt – hätte sie sich nicht in ihren Kammerdiener, den Bauernburschen Andres Andre aus Rieden am Staffelsee verliebt, den sie zum Rentmeister, Hofrat und vor allem zu ihrem Vertrauten erkor. Diese hofbekannte Liaison war ihre Achillesferse; an ihr wuchs sie aber von der Politikerin zur großen Liebenden. Karl Theodor ließ Andre kurzerhand festnehmen und monatelang in Dunkelhaft halten, bis Maria Anna, außer sich vor Sorge um ihren Geliebten, nach beinahe zwei Jahren seine Freilassung erwirkte. Freilich unter harten Bedingungen. Sie musste auf ihre politischen Ambitionen verzichten und Andre durfte München nicht mehr betreten. Die Herzogin gab nach und lebte fortan mit ihm im Exil in Schwaiganger. Die verjagte Herzogin und ihr Geliebter, die sich um den Staat nicht mehr sorgen durften, haben an Ort und Stelle weitergewirkt: Das Mustergut Schwaiganger, heute Staatsgestüt, und Andres Seeschlösschen Rieden bei Uffing sind bis heute sichtbare Zeichen.

Gestalter und Schwärmer

Die Herzogin war noch zufällig an den Staffelsee gezogen: Ihr Liebster war von hier. Der erste bedeutende Münchner, der sich gezielt in Murnau einkaufte, ist wohl schon aus anderen Gründen gekommen. Auch wenn der Murnauer wünscht, das sanfte Mooslicht möge Max

Emanuel Ainmiller (1807-1870), den Direktor der königlich bayerischen Glasmalereianstalt, einen gesuchten Lichtkünstler der Zeit vor Kodacolor, hierher gelockt haben – es dürften doch pragmatischere Gründe gewesen sein, etwa die damalige Münchner Choleraepidemie oder die Notwendigkeit, sein reichlich verdientes Geld anzulegen.[16] Er war wohl noch nicht, wie später sein Urenkel Max Dingler[17], von der tiefen Faszination der unberührten Natur ergriffen, und auch Ainmillers Sohn, der 1887 die nach ihm benannte Villa am Schlossberg erbaute, interessierte sich für die Natur nur als Kulisse. Dass er sein Haus im Schweizer Stil errichtete, offenbart den gleichen gestaltenden Zugriff, dem wir gut ein Jahrzehnt später bei Emanuel von Seidl wieder begegnen.

Emanuel von Seidl

Die Landschaft ist für Seidl ebenso wenig wie für Ainmiller ein an sich schöner, heiler (und heilender) Raum, sondern Material und Kulisse für einen künstlerischen Entwurf – wenn sie nicht ausreichte, konnte sie ohne weiteres korrigiert werden. Beiden wäre die Berufung auf eine vermeintlich einheimische, »gestandene« Bau- und Lebensweise unverständlich gewesen, die im Ergebnis den heute alles überwuchernden Jodlerstil hervorgebracht hat.

Seidl kam durch seinen Schwager, den Maler Carl Mayr-Graz, schon vor 1900 nach Murnau, um dessen Landhaus zu bauen. Er kaufte sich einen Zwetschgengarten am Kapferberg, den er nach und nach zu einem riesigen Park erweiterte.

Ab 1901 errichtete er darin ein ebenso stattliches wie liebliches Haus, den »Sitz eines gastlich veranlagten Junggesellen«.[18] Seidl, ein international bekannter Villen- und Landschaftsarchitekt, kam aus den feierfreudigen Künstlerkreisen der Münchner Prinzregentenzeit, deren rauschenden Stil er nun in der großzügigen Park- und Villenanlage fortsetzte. Murnau staunte. Was Rang und Namen hatte, kam zu den jährlich am 22. August, Seidls Geburtstag, stattfindenden Theateraufführungen – deren Glanzstück im Jahre 1910, anlässlich des Besuchs immerhin der belgischen Königin,[19] eine von Max Reinhardt inszenierte Aufführung des »Sommernachtstraums« war.

Als Seidl 1916 im Alter von sechzig seine langjährige Geliebte, die junge Modistin Maria Luberich heiratete – eine von Murnaus rührenden Liebesgeschichten? –, baute er sein Haus noch einmal gewaltig aus. Drei Jahre später starb er. Die von ihm testamentarisch gewünschte und lange geplante Beisetzung im Freundschaftshügel inmitten seines geliebten Parks wurde nach seinem Tod von Amts wegen verweigert:[20] Er musste seine letzte Ruhestätte auf dem Münchner Waldfriedhof suchen. Seine vorletzte, genauer: Denn 1994 wurden seine Gebeine auf Initiative von Eckhart Feuchtmayr, dem großen Sammler von Seidl-Spuren und langjährigen Vorsitzenden des Historischen Vereins, nach Murnau überführt.

Die Seidl-Villa war ein Magnet, für Künstler ebenso wie für die haute volée. Der Freundschaftskult im Seidl-Kreis zitiert in vieler Hinsicht Elemente der Weimarer Klassik und der Romantik, um die Jahrhundertwende also sicher keine fortschrittliche Kunstrichtung mehr; im allenfalls biedermeierlich angehauchten, bodenständigen Murnauer Land sorgte Seidls kräftige Inszenierung dennoch für Aufsehen. Die Flucht in die Idylle war auch ein Rückzug vor der in der Hauptstadt um sich greifenden zeitgenössischen Kunst. Mit unfreiwilligem Witz bringt das ein Gästebucheintrag des Malers Paul Rieth auf den Punkt: Er zeigt eine dralle Bauerndirn mit allerlei runden Äpfeln, daneben eine stilisiert hingestrichelte, spitzbrüstige Zehnkämpferin, darunter den Text:

»Fliehe aus MÜNCHEN,
Dem expressionistischen – übel wird es Dir nur –
Herrlich ist MURNAU –
Dort kehret Dir Ruhe und Frohsinn zurück –«[21]

Das war im Jahr 1910. Gerade ein Jahr zuvor hatte Gabriele Münter ihr Häuschen in Murnau gekauft, wo sie mit Wassily Kandinsky lebte und wo eine Malerei ersonnen und erarbeitet wurde, die auf alles andere zielte als Ruhe und Frohsinn. Im Seidlkreis ahnte man davon nichts.

Das Künstlerleben in der Seidlvilla wirkte auf den Ort in vielfacher Hinsicht. Turner-, Trachtler- und Schützengruppen wurden in die Freilichtaufführungen eingebaut,[22] ansässige Handwerker wurden herangezogen und übernahmen Stilelemente, die sich z.B. in den Villenbauten der einheimischen Baufirmen wiederfinden. Bedienstete aus den Familien des Ortes lernten die große Welt aus der Nähe kennen. Aber Seidl griff auch aktiv in das Ortsleben ein. Er plante die damalige Mädchenschule (die heute nach Seidl benannte Grundschule), die Turnhalle (erbaut 1904/5, abgerissen 1989) und regte eine Sanierung des Ortsbildes an. Gotisierende Zinnen wurden entfernt, barockisierende Hauben aufgesetzt, fröhliche Farben auf die Fassaden aufgebracht.[23] Er verpflichtete eine Reihe seiner Malerfreunde, Hauszeichen anzubringen.[24]

Sommerfrische

Die Zugänglichkeit des Landidylls wurde sprunghaft erleichtert, als 1879 die Fortführung der Münchener Bahnlinie von Weilheim nach Murnau eröffnet wurde. Erst zehn Jahre später wurde die Anschlussverbindung nach Garmisch fertiggestellt.[25]

Gesucht war zunächst vor allem Gesundheit. »Stahlbäder« gab es in Kohlgrub und, 1879 begründet von Dr. Stephan Asam, in Murnau am Staffelsee: Eisenoxidhaltige Quellen, denen Heilkraft bei Bleichsucht und anderen Beschwerden nachgesagt wurde. Das Moorwasser des Sees sollte ein Übriges tun. Im Schatten der Wandelhalle pilgerten die Patientinnen zu den geschlossenen Badekabinen.[26]

Den blassen Damen, die dem Schattenbad huldigten, folgte mit der neuen Bahn das Volk. Das Murnauer Strandbad war und ist die säkularisierte Version des Asamschen Stahlbades. Erste Badekabinen hatte die Gemeinde zwar schon 1862 ins seichte Uferwasser gestellt; jetzt nahm der Strom der Urlauber zu. Um 1911 wurden im Jahresdurchschnitt 30 000 Badende gezählt.[27] Hier tummelten sich die Massen der Einheimischen und Ausflügler – züchtig entblättert freilich noch in hölzernen Umkleidekabinen, jenen Tabernakeln des

Sommerduftes, die der Zeitgeist inzwischen natürlich auch hinweggerafft hat (oder ist es doch nur unsere Kindheit, die wir nicht konservieren können und der wir nachtrauern?). Hofrat Dr. Wilhelm Asam erteilte 1929 dem Sonnengenuss etwas widerstrebend Absolution: »Übertreibungen – namentlich in sportlicher Hinsicht – sind nun einmal die Zeichen unserer Zeit. Dies gilt auch für den Genuß von Luft, Licht und Wasser. In den Strandbädern des Staffelsees tritt deshalb fast alljährlich die Erscheinung auf, daß aus den Europäern Insulaner der Südsee werden.«[28]

Das bürgerliche Murnau

Der zunehmende Tourismus und die Ansiedlungswelle um die Jahrhundertwende hatte durchaus Auswirkungen auf das Alltagsleben in Murnau. Nicht nur im Inneren der Bürgervillen traf man sich, sprach über die aktuelle Kultur: Münchner Theateraufführungen, Ausstellungen, Konzerte und neue Bücher – auch der Markt mit seinen offenen Gastwirtschaften sah die herrschaftlichen Flaneurs gerne. Es waren nicht nur der Geldadel und pensionierte Offiziere, die sich hier trafen – schon seit der Jahrhundertwende (und bis heute) weisen Murnau und Umgebung eine deutlich erhöhte Professorendichte auf. Eine Mischung, die nicht zuletzt auch Kunst provoziert.

Die Präsenz des bürgerlichen Murnau und der nicht abreißende städtische Erholungstourismus wirkten auch zurück auf die Gewerbestruktur in Murnau. Veränderung tat hier zu Beginn des Jahrhunderts auch dringend Not. Der Rückgang von Handwerk und Kleingewerbe unter dem Druck der Industrialisierung forderte neue Absatzmärkte, und hier kam der Fremdenverkehr gerade recht. Die Städter suchten Ursprüngliches, Unverfälschtes – und die ländlichen Handwerker und Händler lieferten ihnen das Gewünschte. Das zeigt sich, um nur ein gut untersuchtes Beispiel zu nennen, an der Familiengeschichte des Hinterglasmalers Heinrich Rambold.[29] 1909 eröffnete die Gerberfamilie Rambold ein Möbellager, in welchem »Möbel im Stile der Volkskunst und Volkskunde« angeboten wurden.[30] *Möbel im Stile der Volkskunde* – genauer könnte man die Folklorisierung des Landlebens und des ländlichen Handwerks nicht ausdrücken. Dass Rambold dann die in Murnau bereits ausgestorbene Kunst der Hinterglasmalerei[31] wieder aufgriff, hatte viel mit dem Bedürfnis seiner Kunden nach ungebrochener Tradition zu tun. Er brachte es darin zu hoher, etwa auch von Gabriele Münter und ihren Freunden bewunderter Kunstfertigkeit.

Hand in Hand mit dieser Herstellung von Tradition wuchs die sich an dem neuen Absatzmarkt orientierende Identität der Landbevölkerung als »Einheimische«. Rambold wurde allgemein als bayerisches Urgestein betrachtet, ein Ruf, der seinem Verkaufserfolg sicher förderlich war. Diese Urigkeit war freilich sekundär und entsprach den Vorgaben der Heimatliteratur von Waldschmidt und Ganghofer bis Thoma. Natürlich war Rambold auch Mitglied in mehreren Heimatverbänden.

In der Zeit vom Ende des 19. Jahrhunderts bis zum Beginn des Nationalsozialismus mischte sich in Murnau jener gesellschaftliche Cocktail, der später den Namen zum Begriff machen sollte. Im Zusammentreffen der durch die Industrialisierung bedrohten ländlichen Wirtschaftstradition mit dem aus den Städten drängenden, identitätssuchenden Bürgertum entstand ein Modell, das im Kleinen die Geologie der Gesellschaft zeigt wie die Kiesschichten am Hochufer eines Flusses. Die bodenständige Schicht der »Einheimischen«: Bauern, seit Jahrhunderten eng verwachsen mit Händlern, Kaufleuten, Handwerkern und Wirten – sie wurde entdeckt von einer stadtflüchtigen Bohème und vom emanzipierten Bürgertum, das auf der Suche nach neuen Wurzeln sich ein Landleben ausmalte – stiller, frömmer, sonniger und harmonischer, als es in Wirklichkeit je gewesen ist.

Als Vermittler zwischen diesen Schichten fungierten die Dienstboten. Kammermädchen, Köchinnen, Gärtner und Kutscher wurden gesucht und gefunden. Auch Handwerker bekamen jetzt modische Aufträge. Die städtische Lebensart der bürgerlichen Familien drang in die Kultur des Ortes ein, nahm hier bäuerliche Elemente auf und wurde zum städtisch-rustikalen Stil.

James Loeb

Exemplarisch zeigt sich das am großbürgerlichen Landsitz des amerikanischen Bankiers James Loeb. Loeb, ein hochgebildeter Jurist und Archäologe, hatte sich bereits mit 35 Jahren wegen seiner quälenden Depressionen aus der aktiven Tätigkeit im elterlichen Bankhaus zurückgezogen und widmete sich einem ausgedehnten Privatgelehrtentum. Er baute eine bedeutende Antikensammlung auf, die heute im Wesentlichen in der Münchner Glyptothek steht, und begründete 1912 eine der größten Editionen klassischer Texte, die »Loeb Classical Library«. Seit 1913 lebte er überwiegend in Murnau, zurückgezogen vom gesellschaftlichen Verkehr, beliebt wegen seiner Freundlichkeit und enormen Großzügigkeit. Seine Köchinnen, so Elli Beurer, eine Zeitzeugin, »wurden geheiratet wie die warmen Semmeln«, weil jede 5000 RM Heiratsgut von ihm bekam.[32] 1932 stiftete er das Murnauer Gemeindekrankenhaus und wurde im gleichen Jahr zum Ehrenbürger Murnaus ernannt. Doch die Zeiten änderten sich schnell. Im März 1933 wurden Hitler und Hindenburg zu Ehrenbürgern ernannt, ein antijüdisches »Aktionskomitee« wurde gegründet. Im Januar 1933, nur zwei Tage vor Hitlers Machtergreifung, starb Loebs Frau Marie-Antonie. Loeb, der sich in Deutschland nicht mehr sicher fühlen konnte, beschloss, nach Amerika zurückzukehren. Bevor er jedoch diesen Plan realisieren konnte, starb er am 27. Mai 1933 in Murnau.[33]

Murnau und die Nazis

Die öffentliche bürgerliche Geselligkeit der zwanziger Jahre, das festliche Marktleben, endete abrupt mit der Machtergreifung der Nazis. Die Bürger zogen sich in die Häuser zurück. An die Stelle der rasch verbotenen schmächtigen Arbeitervereine trat verordnetes Nationalpathos. Künstler, jedenfalls unbotmäßige, hatten hier nichts mehr zu lachen, auch wenn sie sich durch bürgerliches Herkommen geschützt wähnten. Horváth, der die »Saalschlacht«, die gewalttätige Sprengung einer SPD-Versammlung durch Nationalsozialisten am 1.2.1931, als Zeuge miterlebt und im anschließenden Prozess gegen die Nazis ausgesagt hatte,[34] floh 1933 nach einem Zusammenstoß mit der SA aus Murnau.

Neue Herren hatte das Reich, und gelegentlich konnte man sich an ihnen satt sehen, etwa bei den nicht so seltenen Besuchen des »Führers« und seiner Zeloten – lebte doch der Chef-Wirtschaftsideologe der NSDAP in Murnau. Schon im November 1923 hatte sich Hitler nach dem misslungenen »Marsch auf die Feldherrnhalle« hinter den Vorhängen im Salon einer Uffinger Bürgervilla versteckt – die waren allerdings so knapp bemessen, dass seine Schuhspitzen hervorlugten und er seiner (wie die Geschichte lehrt, nicht ausreichenden) Strafe zugeführt werden konnte. Auch nach dem Attentat im Bürgerbräukeller soll er sich in Murnau versteckt haben.[35]

Dass Murnau zu einer Nazi-Hochburg wurde, hat eine Vorgeschichte. Bereits seit 1919 war es durch betont nationalkonservative Wahlergebnisse aufgefallen, was auf die Präsenz zahlreicher Weltkriegsoffiziere zurückgeführt wird.[36] In den Wahlen von 1924 - 1933 dankte Murnau die Präsenz der braunen Würdenträger mit exorbitanten Wahlergebnissen und strammer Disziplin. Doch wie so oft in der Nähe der Mächtigen: Es gab keine Exzesse. Jüdische Geschäfte zu boykottieren wurde 1933 zwar beschlossen, doch leider fand man keine. Also boykottierte man den Konsumverein. Die wenigen jüdischen Bürger, die in Murnau lebten, wurden zwar des Strandbades verwiesen – immerhin das Zentralinstitut der »Sommerfrische« –, aber von den krassen Ausschreitungen, wie sie aus anderen Orten bekannt sind, wird in Murnau nichts berichtet. James Loeb, der bedeutendste, hatte die Weisheit besessen, 1933 zu sterben, noch bevor man die Ehrentafel in dem von ihm gestifteten Krankenhaus verhängte – allerdings nur verhängte,[37] denn man weiß ja nie.

Man weiß nie, und nachher weiß man besser nichts mehr von der »schweren Zeit«. Das Vergessen griff um sich, da ist Murnau keine Ausnahme. Der Parteibonze wurde zum Fremdenführer, der Himmel war blau und der See grün. Wenn etwas braun war, dann das Moos, und das ist ja auch schön, oder?

Schönheit und Geist, oder: »Ich wußte jetzt genau, daß der Gegenstand meinen Bildern schadet«

Zwischen Seidls frohsinniger Stilisierung und James Loebs Sammlerpassion für die zeitlose Schönheit der Antike nahm es, in einem viel kleineren Häuschen, mit der Schönheit in Murnau noch einmal ganz andere Wege. Laut wurde der Anspruch erhoben, dass Schönheit etwas mit dem Denken zu tun hat und nicht als fertige Idylle ins Haus kommt. So laut, dass der Klang noch über den Heustadeln schwebt.

Wie war es dazu gekommen? Es war nicht nur die reiche Natur, nicht nur der bescheiden wirtschaftende Markt mit seinen erschwinglichen Preisen. Auch nicht nur das bürgerliche Ambiente. Alles zusammen sorgte für eine vergleichsweise hohe Präsenz von Geist und Kunst in Murnau. Und wie es so geht, dabei kamen nicht immer nur Genehme ins Spiel.

Neben berühmten Gelehrten wie dem Archäologen und Mäzen James Loeb, dem Kirchenhistoriker Friedrich Zoepfl und dem Physik-Nobelpreisträger Ernst Ruska,[38] Schriftstellern wie Walter von Molo und Alexander Roda-Roda,[39] die mindestens zeitweise in Murnau und der weiteren Umgebung lebten[40] und Freunde und Bekannte anzogen, sind es vor allem die Maler, die dem Ort heute seinen Klang geben. Emanuel von Seidls zahlreiche Malerfreunde machten von Murnau reden.[41]

Als erster Großkünstler hatte Kaulbach bereits 1893 ein Atelier im nahen Ohlstadt bezogen; Künstlerfreunde und Verehrer pilgerten zu ihm (wie zum Beispiel Ludwig Thoma). Max Beckmann, der 1925, fünf Jahre nach des Meisters Tod, Kaulbachs Tochter Quappi heiratete, ist mit der Gegend nicht nur familiär verbunden.[42]

»Über das Geistige in der Kunst« – so betitelte Wassily Kandinsky sein Manifest einer neuen, abstrakten Kunst, das 1911 erschien. Der

Ort, an dem dies Geistige zu seiner ersten Reife kam, der Geburtsort der abstrakten Malerei und zugleich die Katakombe, in der diese Kunst ihre sofort einsetzende Verfolgung überdauerte, ist das kleine »Russenhaus« in Murnau mit seinem Blick auf Schloss und Berge – ein Blick, der in die Kunstgeschichte eingegangen ist.[43] Von 1908 bis zum Beginn des Ersten Weltkrieges saugte die kleine Künstlergruppe um Münter und Kandinsky, Werefkin und Jawlensky Farben und Formen ein, bannte sie auf Leinwände, diskutierte, skizzierte, verwarf und nahm immer wieder in Angriff nichts Geringeres als ein neues Sehen. Zur Diskussion gestellt wurde das Erreichte zunächst vor allem in den Ausstellungen der »Neuen Künstlervereinigung München«. Als diese Kandinskys immer radikalerer Abstraktion nicht mehr folgen wollte, gab Kandinsky mit Franz Marc den »Blauen Reiter« heraus, einen programmatischen Almanach, das erste Manifest einer neuen, abstrakten Kunst.

Im Sommer 1911 hatten Münter und Kandinsky gemeinsam mit den Ehepaaren Marc und Macke den Almanach zusammengestellt. Er umfasste Beiträge aus bildender Kunst und avantgardistischer Musik, Volkskunst und Theorie, Kinderbilder und ein Bühnenwerk von Kandinsky: »Der Gelbe Klang«. Auch der Murnauer Hinterglasmaler Rambold war darin vertreten. Kunst als Gesamtereignis sollte nun mit einem Schlag von den Diktaten der Akademie wie des Gegenstandes befreit, aus einem inneren Erleben entwickelt werden.

Kandinsky selbst beschreibt das Schlüsselerlebnis, als er 1910 durch einen optischen Zufall in einem eigenen, gegenständlichen Bild die Kraft der abstrakten Farb- und Formwirkung entdeckte: »Ich kam mit meinem Malkasten nach einer Studie heim, noch verträumt und in die erledigte Arbeit vertieft, als ich plötzlich ein unbeschreiblich schönes, von einem inneren Glühen durchtränktes Bild sah. Ich stutzte erst, dann ging ich schnell auf dieses rätselhafte Bild zu, auf dem ich nichts als Formen und Farben sah und das inhaltlich unverständlich war. Ich fand sofort den Schlüssel zu dem Rätsel: es war ein von mir gemaltes Bild, das an die Wand angelehnt auf der Seite stand. […] Ich wußte jetzt genau, dass der Gegenstand meinen Bildern schadet.«[44]

Dieses revolutionäre Kunstverständnis, natürlich ohne Kontakt mit dem Seidl-Kreis entwickelt, machte den Murnauern schwer zu schaffen. An Fremde in Gestalt von Sommerfrischlern, Baronen und Exzellenzen waren sie gewöhnt, hatten es schon mit den selbstbewussten Großkünstlern um Seidl nicht leicht. Doch wenigstens schufen die Ansehnliches. Was aber sollte man mit armen Malern tun, die doch offensichtlich außer großen Sprüchen gar nichts zustande brachten?

Legendär ist eine Begebenheit: Ein gutherziger Murnauer Schreiner hatte ein Bild von Kandinsky in Zahlung genommen – und es, was soll man machen, im Herzhäusl deponiert. Bis er es dann schließlich doch entsorgte. Seitdem gilt in Murnau die Faustregel: Kunst ist zwar nicht immer schön, aber wegschmeißen kann auch teuer kommen.

Gabriele Münter lebte bis zu ihrem Tod 1962 in Murnau. Die alte Dame war allseits bekannt. Doch blieb das Verhältnis vorsichtig distanziert. Gabriele Münter rettete in einer abenteuerlichen Aktion den größten Teil von Kandinskys Frühwerk: Als sie 1937 erfuhr, dass der NSDAP-Gauleiter von München mit dem Verbrennen der Bilder Kandinskys drohte, mauerte sie sie im Keller ihres Murnauer Hauses ein. Nach dem Krieg erst wurden sie wieder hervorgeholt. Anlässlich ihres 80. Geburtstages stiftete Gabriele Münter sie der Stadt München. Es war die größte Schenkung der neueren Museumsgeschichte.

Liebesgeschichte 2:

Murnau, der Wahl-Murnauer

Unter die Maler mag hier mit einiger Freiheit auch einer der größten Maler bewegter Bilder gerechnet werden, der Filmregisseur Friedrich Wilhelm Murnau. Er ist kein Murnauer, doch hat er sich dem Ort so verbunden gefühlt, dass er ihn zum Pseudonym erwählte. Wie es dazu kam, ist bis heute nicht endgültig geklärt, die Fakten weithin unbekannt.

Murnau, der damals noch Plumpe hieß, wurde von Max Reinhardt als Schauspieler entdeckt und erlebte im August 1910 im Seidlpark dessen »Sommernachtstraum«-Inszenierung – vielleicht spielte er sogar selbst mit.[45] Nach dieser Aufführung nahm Plumpe den Künstlernamen »Murnau« an. Über die Wahl dieses Pseudonyms machte er der Schauspielerin Camilla Horn gegenüber eine Andeutung, von der sie im Gespräch mit Elisabeth Tworek erzählt: »Das Zimmer war nicht sehr hell. Es war nicht so ein sonniges. [...] Und ein buntes Bild hing mir gegenüber – es war ein Aquarell, und man las genau darunter »Murnau«. Und – na ja – aus Verlegenheit oder war es was anderes – fragte ich ihn damals, wieso Murnau, ob das seine Heimatstadt wäre. Nein, nein, nein, sagte er, mit diesem Ort verbindet mich eine wichtige Phase meines Daseins, meiner Karriere, meines Lebens kann man sagen. Und ungefähr so, sagte er, wie Sie jetzt, was Sie jetzt hier durchmachen, das habe ich dort ungefähr erlebt.«

Wie ist das zu verstehen? Murnau hatte Camilla Horn gerade als Schauspielerin für seinen Faust-Film entdeckt, als Gretchen. War es seine Berufung zum Schauspieler, die ihn 1910 in Murnau ereilte? Oder war es – wie Elisabeth Tworek vermutet – ein bedeutendes Lebensereignis, eine Liebesgeschichte? Das wäre ja nichts Außergewöhnliches, schon gar nicht in dem um romantische Liebesgeschichten nicht verlegenen Murnau. Vielleicht konnte er hier, im freisinnigen Künstlerkreis, zum ersten Mal die Liebe zu seinem Reisegefährten, dem Dichter Hans Ehrenbaum-Degele offen zeigen, mit dem er bis zum Tod zusammenblieb. Der Tod kam bald. Ehrenbaum-Degele fiel mit 26 Jahren, am 28. Juli 1915. Nach dem Krieg bewahrte Murnau das literarische Erbe des Freundes und lebte bis zu seiner Emigration nach Amerika bei dessen Eltern.

In den USA wurde er mit »Nosferatu«, »Der letzte Mann«, »Faust«, »Sunrise« und »Tabu« zum bedeutendsten Filmregisseur seiner Zeit. Seine Homosexualität musste er wieder verbergen. Als er 1931 zusammen mit seinem Chauffeur über ein Klippe stürzte, kursierten in Hollywood Gerüchte über ein Liebesverhältnis zwischen den beiden.[46]

Horváth

Nicht nur bildende und gebildete Künstler, auch gnadenlos Abbildende hat Murnau beherbergt, und nicht immer nur gerne. Mit kalter Nadel radierte Ödön von Horváth den Murnauer als solchen ins kulturelle Gedächtnis der deutschen Literatur. Als Stammgast in den zahlreichen Murnauer Wirtschaften, ja dem Vernehmen nach sogar zugelassen an manchem Stammtisch,[47] hörte er zu, schrieb mit und montierte das Gehörte zu Dialogen von erbitterter Komik. Den Spießern, die Horváths Bühne bevölkern, steht so mancher Murnauer Pate. Nicht, dass solche Beobachtung nicht an anderen Orten ebenso möglich gewesen wäre; es besteht kein Anlass, stolz darauf zu sein. Aber man wäre in Murnau doch gerne liebevoller porträtiert worden.

Die gelobte Idylle, als die Murnau sich zu sehen, der stramme Bursch, die resche Dirn, die man zu geben gelernt hatte – Horváth sah hinter die Kulissen: »Jetzt ist wieder Saison, jetzt haben die Herren wieder streng zu tun.«[48]

Zur literarischen Zeugenschaft kam anlässlich der »Murnauer Saalschlacht« am 1. Februar 1931 noch die forensische: Horváth bestätigte als Zeuge vor Gericht die gezielte gewaltsame Sprengung einer SPD-Versammlung durch Nationalsozialisten. Das war nicht das, was die Murnauer herrschenden Kreise gerne gehört hätten. Auch 1933, als er in seinem Stammlokal, dem Hotel Post, die Führerrede im Radio abstellen wollte, machte er sich unbeliebt. Jetzt wurde es eng. Die Familie Horváth verließ Murnau. In Horváths literarischem Gedächtnis blieb es erhalten.

Die Murnauer haben ihm diese exemplarische Behandlung nicht wirklich vergessen. Die Hindenburgstraße, in der das Horváthhaus stand (abgerissen 1973), wurde ab 1945 reuig zurückbenannt in Bahnhofstraße (obwohl weitab vom Bahnhof). Die in den Siebziger Jahren entfachte Diskussion, ob man sie vielleicht doch Horváthstraße nennen sollte, wird noch lange währen. Sehr lange. Ein Weglein dieses Namens hat man sich immerhin schon 1977 abgerungen …

Murnau heute

Auch nach dem Krieg blieb das Verhältnis der Murnauer zu ihrer glanzvollen bürgerlichen Epoche zwiespältig. Noch 1961 wurde mitten in den Seidlpark ein moderner Industriebau gestellt, 1972 die Seidlvilla abgerissen. Ein Traum war zu Ende.

Der Abriss der Seidlvilla fügt sich in eine lange Reihe von Zerstörungswerken, die das problematische Verhältnis zur eigenen Geschichte belegen: Schon in den Zwanziger Jahren wurde die erst 1862 wiederentdeckte, aus dem 3. Jahrhundert stammende befestigte Siedlung auf dem Moosberg als Steinbruch genutzt,[49] 1962 wurden gotische Grabplatten aus der Nikolauskirche im Zuge einer Renovierung auf die Müllhalde verfrachtet,[50] 1989 die Seidl-Turnhalle durch ein gesichtsloses »Wohn- und Geschäftshaus« ersetzt. 1972 wurde das Haus der Familie von Horváth abgerissen. Was heute dort steht? Tja.

Freilich: Es gibt auch eine andere Bewegung. Das Bermudadreieck Murnau bleibt nicht ohne aufblitzende Projekte, die dem Ort, so unverständlich sie manchem zunächst scheinen mögen, plötzlich Züge verleihen, Gesichtszüge, ein Mienenspiel. Die ihm Charakter geben.

Die bürgerliche Öffentlichkeit, die Murnau einst so nachhaltig prägte, ist nicht wieder auferstanden. Es gibt in der Geschichte kein Zurück. Aber Neues ist plötzlich dagewesen – Theater, Musik, Kunst. 1985 eröffnete Christiane Schulte Strathaus mitten im Markt eine Galerie für zeitgenössische Kunst. Ausgewählte junge Murnauer Künstler waren hier ebenso zu sehen wie international hoch angesehene Maler und Bildhauer. Drei Jahre hat es dieses Projekt gegeben, die Wirkung der Künstlerbegegnungen, die dort ermöglicht worden sind, dauert noch heute an. Auch wenn noch im dritten Jahr ein prominenter Gemeindepolitiker den Kopf zur Türe hineinsteckte mit der Frage: »Ja, ist hier denn nicht mehr das Antiquitätengeschäft?« Nein, ist es nicht mehr. Heute ist dort ein Jeans-Shop. Das braucht man auch.

Heimgekehrt aus dem Frankfurter Exil zeigt (und liest) der Maler-Autor Melchior Schedler seit 1998 im vormals bürgermeisterlichen Gartenhaus am Kapferberg die Erzeugnisse seiner spitzen Feder. Murnauer sind im Publikum streng repräsentativ vertreten: entsprechend etwa ihrem Anteil an der Weltbevölkerung.

Im Juli 2000 zogen Murnauer Künstler, Naturschützer und Bewegte auf einem »Trommelpfad« dem ehemaligen Lauf des Trommelbachs nach, der um die Jahrhundertwende zugeschüttet worden war.[51] In Erinnerung blieb die Aktion der Bildhauerin Birgit Kammerlohr: Sie sägte aus einem Brettergeländer Bildmotive aus: »Sagen Sie mir, was Sie nicht sehen wollen, und ich schneide es Ihnen heraus. Dann sehen Sie aber nur noch das.« Unter dem Pflaster fließt der Bach. Ach.

2001 spielten die Schülerinnen und Schüler des Staffelsee-Gymnasiums im Markt die »Elektra«. In strömendem Regen. Die Zuschauer, in Ölzeug gewickelt, folgten gebannt einem Ereignis. Der Regen schien auf der Intensität der jungen Körper zischend zu verdampfen. Murnau hat Kunst gesehen. Das lässt sich nicht abreißen, das reißt nicht ab.

Man kann die Selbstzerstörung der Murnauer Idylle und die Neuauflagen des Wagemuts, die Verbauungen und die Ausgrabungen, kann das alles für eine Serie von Zufällen halten. Die Geschichte ist voll davon. Wir wollen es lesen als Gegenbewegung, als historisches Versteckspiel. So wie Menschen manchmal nicht ertragen, ihre eigene Geschichte, ihre eigenen Taten zu wissen – ohne dass ihnen ihre Angst bewusst wäre –, so tradiert sich manchmal an einem Ort, ohne dass irgend jemand dies deutlich wüsste, eine selektive Unachtsamkeit, ein Wegsehen. Murnau hat über eine lange Zeit von seiner eigenen Geschichte wegzusehen gelernt. Vieles ist darüber verloren gegangen. Das mag sich jetzt wenden, und unser Buch sieht sich in einer ganzen Linie von Versuchen, den Blick auf dieses Stück Welt zu öffnen.

Murnau? – Ja, schon.

Anmerkungen

[1] Noch 1982, in den »Stoffvorschlägen für Arbeitskreise im Rahmen des Historischen Vereins Murnau«, richtet sich das Forschungsinteresse lediglich auf »Alteingesessene«, ihre Bräuche, Berufe und Lebensformen. Die »Badeanstalt« rangiert in der »Gruppe N: Gemeinnützige Einrichtungen« als Letztes hinter Kanalisation und Trafo-Station. (Historischer Verein Murnau 1982).

[2] Tworek-Müller 1988.

[3] Mit den Dauerausstellung und den Sonderausstellungen über Emanuel von Seidl (Schlossmuseum des Marktes Murnau 1993), Gabriele Münter (Schlossmuseum des Marktes Murnau 1996), Postkarten aus Murnau (Freude 1999), James Loeb (Schlossmuseum des Marktes Murnau 2000) und andere.

[4] Markt Murnau 1993: 47 ff.

[5] Vgl. Dingler 1941, Feldmann 1995, Geiersberger 2002.

[6] Dannheimer 2002 zitiert eine erste wissenschaftliche Erwähnung durch Gustav Krauß aus dem Jahre 1893/94 im »Oberbayerischen Archiv«. Auch er hält den irischen Ursprung für möglich, wie auch Winghart 2002, der eine Verbindung mit dem Staffelseekloster auf der Insel Wörth annimmt (vgl. auch Haas-Gebhart 2000).

[7] Vgl. Hruschka 2002d: 196 ff., Kellner 2002.

[8] Garbsch 1966, 1984; Wührer 2002.

[9] Dussler 1961: Kap. 5.

[10] Die komplexe Herrschaftsgeschichte wurde von Marion Hruschka 2001 neu erforscht; vgl. die Zusammenfassung in Hruschka 2002a, 65 ff.

[11] Vgl. Stubenrauch 1929; Schilderung siehe oben im Bildteil Seite 34.

[12] Vgl. Hruschka 1996.

[13] Hruschka 1996. Nach Wolfgang Pledl war es 1806 auf den 5., 1907 auf den 7. Platz zurückgefallen (Pledl 2002: 146); dieser Rückgang ist jedoch auch auf technische Weiterentwicklungen zurückzuführen (vgl. Heckhorn & Wiehr 1989).

[14] Vgl. Markt Murnau 1993: Kap. 7, 183-218. Zahlreiche Beispiele für die Plein-Air-Maler, die Murnau und Umgebung vor Ort festhielten, zeigt der Ausstellungskatalog des Schlossmuseums 1999.

[15] Geissler 1931; auch der heute vergessene Historienschriftsteller Franz Carion schrieb 1858 über sie einen Roman: »Ein geteiltes Herz«. Vgl. auch Anonymus 1929 und Geissler o. J. Ein hübsches Porträt der beherzten Dame von Desmarees befindet sich im Schlossmuseum Murnau (Reproduktion abgedruckt in: Markt Murnau 1987: 5).

[16] Van Treeck-Vaassen 1987.

[17] Dingler 1962. Zu Dingler und Ainmiller vgl. auch Feuchtmayr 1987.

[18] Wolf 1929: 222.

[19] Vgl. Salmen 1994: 44; Elisabeth von Belgien war eine geborene Prinzessin von Bayern (Hruschka, pers. Mitteilung).

[20] Vgl. Kunstmann 1994a, 1994b: 27.

[21] Salmen 1994: 44.

[22] Salmen 1994: 43.

[23] Naske 1984.

[24] Vgl. z.B. im Bildteil Seite 118.

[25] Hofer 1988, Enderlein 1998.

[26] Asam o. J.

[27] Hruschka 2002c: 184ff., Sonderer 1950.

[28] Asam 1929: 216. Hofrat Dr. Wilhelm Asam (1862-1944) war der Sohn von Dr. Stefan Asam (1829-1893), der das Heilbad am Staffelsee begründet hatte.

[29] Akribisch aus den Quellen rekonstruiert von Irene Dütsch 1996.

[30] Dütsch 1996: 92.

[31] Pledl 2002: 148, 151.

[32] Belege zur Spendentätigeit von James Loeb: Salmen 2000: 58.

[33] Zu James Loeb vgl. auch die übrigen Beiträge des Ausstellungskataloges (Schlossmuseum des Marktes Murnau 2000) sowie Burgmair & Weber 1997.

[34] Vgl. Tworek-Müller 1988.

[35] Elli Beurer, pers. Mitteilung.

[36] Vgl. Tworek-Müller 1988: 49, Tworek 2002: 373. Hruschka 1998: 62 und 2002b: 94-117 weist die Wahlergebnisse im Vergleich zur Umgebung (Bezirk Weilheim) nach.

[37] Elli Beurer, pers. Mitteilung. Nach Forschungen von Marion Hruschka wurde sie allerdings 1943, nach dem Kriegseintritt der USA, doch entfernt und erst 1947 wieder angebracht (Hruschka 2002b: 108).

[38] Brachner 1986.

[39] Vgl. Schlossmuseum des Marktes Murnau 1996: 42 f.

[40] Weitere in Hruschka 2002e: 368 ff.

[41] Aufgezählt bei Wolf 1929: 221.

[42] Pophanken 1997, Pophanken & Zeiller 2002.

[43] Vgl. Salmen 2002: 352-360.

[44] Zit. nach Gollek 1991: 21. Salmen (2003: 58 f.) weist freilich darauf hin, dass Kandinsky den Gegenstand zunehmend enträumlichte und verschlüsselte, ohne ihn ganz aufzugeben.

[45] Nach Salmen 1994: 44 und einem Hinweis bei Gehler & Kasten (1990: 29) könnte er die Rolle des Philostratos gespielt haben; in der Besetzungsliste ist Plumpe nicht aufgeführt (vgl. Tworek 2001).

[46] Hembus 1973: 55.

[47] Tworek 2002: 372.

[48] »Aus den weißblauen Kalkalpen« In: Horváth 1978: 64.

[49] Vgl. Wagner 1943; Krönner 1982: 38 f.

[50] Krönner 1986.

[51] Bund Naturschutz 2000.

Literatur

ANONYMUS (1929): Herzogin und Rentmeister. Eine historische Episode vom Staffelsee. In: *Murnau und der Staffelsee,* 217-220.

ASAM, WILHELM (1929): Murnau als Kurort und Sommerfrische. In: *Murnau und der Staffelsee,* 214-216.

ASAM, WILHELM (o. J.): *Ein Sommer im Stahlbade am Staffelsee.* Kleine Schilderungen von Dr. Wilhelm Asam mit Illustrationen von Hermann Neuber. 3. Auflage Murnau-Riedhausen. Druck von S. Wiesendanger 1980.

BAUMANN, SIMON (1855): *Geschichte des Marktes Murnau.* Murnau: Selbstverlag 1855 [Nachdruck: Ernst Krönner, Murnau: Selbstverlag 1984].

BRACHNER, ALTO (1986): Physik-Nobelpreis für Prof. Dr. Ernst Ruska, Berlin-Murnau a. St. In: *Jahresbericht 1986, Historischer Verein Murnau am Staffelsee e.V.* (= Schriften des Historischen Vereins Murnau am Staffelsee e.V. 7. Jg., Heft 11) Murnau: Selbstverlag, 26-31.

BUND NATURSCHUTZ, Ortsgruppe Murnau (Hg.) o. J. [2000]: *Auf dem Trommelpfad.* Installationen entlang des ehemaligen Trommelbaches. Murnau: Selbstverlag

BURGMAIR, WOLFGANG und MATTHIAS M. WEBER (1997): » ... daß er sich nirgends wohler als in Murnau fühle ...« James Loeb als Förderer der Wissenschaft und philanthropischer Mäzen. In: *Jahrbuch 1997, Historischer Verein Murnau am Staffelsee e.V.* (= Schriften des Historischen Vereins Murnau am Staffelsee e.V. 18. Jg., Heft 18) Murnau: Selbstverlag, 77-128.

CARION, FRANZ (1858): *Ein getheiltes Herz, oder Karl Theodor und seine Zeit.* Historischer Roman. Leipzig: Brockhaus.

DANNHEIMER, HERMANN (2002): Frühe eiserne Kirchenglocken aus Altbaiern. In: *Schönere Heimat.* Erbe und Auftrag. 91. Jg., Heft 3, 149-154. München: Bayerischer Landesverein für Heimatpflege e.V.

DINGLER, MAX (Hg.) (1941): *Das Murnauer Moos.* München: Gerber.

DINGLER, MAX (1962): *Werden und Reifen.* Einflüsse und Eingebungen. Hausham: Martin Glasl.

DÜTSCH, IRENE (1996): Der bekannte Oberammergauer Maler Heinrich Ramboldt. In: *Jahrbuch 1996, Historischer Verein Murnau am Staffelsee e.V.* (= Schriften des Historischen Vereins Murnau am Staffelsee e.V., 17. Jg., Heft 17) Murnau: Selbstverlag, 85-130.

DUSSLER, HILDEBRAND OSB (1961): *Geschichte der Ettaler Bergstraße.* Erweitert und neu herausgegeben von Peter Bitzl, Laurentius Koch OSB und Heinz Schelle (= Mohr, Löwe, Raute. Beiträge zur Geschichte des Landkreises Garmisch-Partenkirchen, Band 5. Herausgegeben vom Verein für Geschichte, Kunst- und Kulturgeschichte im Landkreis Garmisch-Partenkirchen e.V.) Garmisch-Partenkirchen: Selbstverlag.

ENDERLEIN, AXEL (1998): Die Geschichte des Bahnbetriebswerkes Murnau. In: *Jahrbuch 1998, Historischer Verein Murnau am Staffelsee e.V.* (= Schriften des Historischen Vereins Murnau am Staffelsee e.V., 19. Jg., Heft 19) Murnau: Selbstverlag, 137-170.

ENGELBRECHT, GERTRAUD (1998): Die Geschichte der Murnauer SPD. In: *Jahrbuch 1998, Historischer Verein Murnau am Staffelsee e.V.* (= Schriften des Historischen Vereins Murnau am Staffelsee e.V., 19. Jg., Heft 19). Murnau: Selbstverlag, 73-136.

FELDMANN, LUDGER (1995): Die geologische Entwicklung der Landschaft um Murnau. In: *Jahrbuch 1995, Historischer Verein Murnau am Staffelsee e.V.* (= Schriften des Historischen Vereins Murnau am Staffelsee e.V., 16. Jg., Heft 16) Murnau: Selbstverlag, 9-62.

FEUCHTMAYR, ECKHART (1987): Nachbemerkungen zu Max Ainmiller, Murnau. In: *Jahresbericht 1987, Historischer Verein Murnau am Staffelsee e.V.* (= Schriften des Historischen Vereins Murnau am Staffelsee e.V., 8. Jg., Heft 12) Murnau: Selbstverlag, 53-56.

FREUDE, PETER K. W. (1999): *Gruß aus Murnau.* Der Markt auf alten Ansichtskarten. Eine Auswahl historischer Ansichtskarten aus Murnau und Umgebung. Murnau: Schlossmuseum (Ausstellungskatalog).
GABRIELE MÜNTER- und JOHANNES EICHNER-STIFTUNG (Hg.) (1991): *Das Münter-Haus in Murnau.* München: Städtische Galerie im Lenbachhaus [4]1991.
GARBSCH, JOCHEN (1984): Das Murnauer Moos in vor- und frühgeschichtlicher Zeit. In: *Jahresbericht 1984, Historischer Verein Murnau am Staffelsee e.V.* (= Schriften des Historischen Vereins Murnau am Staffelsee e.V., 5. Jg., Heft 8) Murnau: Selbstverlag, 17-40.
GARBSCH, JOCHEN (Hg.) (1966): *Der Moosberg bei Murnau.* Aus dem Nachlaß von P. Reinecke, F. Wagner und N. Walke, bearbeitet von J. Garbsch. Münchner Beiträge zur Vor- und Frühgeschichte, Bd. 6.
GEBHART, HANSJAKOB (1931): *Staffelsee-Chronik.* Ein Heimatbuch. Bearbeitet nach Quellen von Hansjakob Gebhart [Nachdruck Murnau: Wiesendanger 1977].
GEBHART, J. (1929): Murnau einst und jetzt. In: *Murnau und der Staffelsee,* 205-211.
GEHLER, FRED & ULLRICH KASTEN (1990): *Friedrich Wilhelm Murnau.* Berlin (DDR): Henschelverlag. Lizenzausgabe Augsburg: AV-Verlag Franz Fischer 1990.
GEIERSBERGER INGRID (2002): Das Murnauer Moos. In: *Markt Murnau am Staffelsee 2002:* 26-56
GEISSLER, HORST WOLFRAM (1931): *Die Dame mit dem Samtvisier.* München: Hugendubel.
GEISSLER, HORST WOLFRAM (o. J.): In Memoriam – Patrona Bavariae. Herzogin Maria Anna zum 200. Todesjahr. [Ohne Quellenangabe abgedruckt in:] *Jahrbuch 1989, Historischer Verein Murnau am Staffelsee e.V.* (= Schriften des Historischen Vereins Murnau am Staffelsee e.V., 10. Jg., Heft 14). Murnau: Selbstverlag, 50-57.
GOLLEK, ROSEL (1991): Das Münter-Haus in Murnau. in: *Gabriele Münter- und Johannes Eichner-Stiftung* 1991.
HAAS-GEBHARD, BRIGITTE (2000): *Die Insel Wörth im Staffelsee.* Führer zu archäologischen Denkmälern in Bayern. (= Oberbayern 2). Stuttgart: Theiß.
HECKHORN, EVELIN & HARTMUT WIEHR (1989): *München und sein Bier.* Vom Brauhandwerk zur Bierindustrie. München: Heinrich Hugendubel.
HEMBUS, JOE (1973): *Marilyn Monroe – die Frau des Jahrhunderts.* Eine Dokumentation. München: Heyne.
HOBERG, ANNEGRET (1994): *Wassily Kandinsky und Gabriele Münter in Murnau und Kochel 1912-1914.* Broschurausgabe: München, London, New York: Prestel 2000.
HOFER, MANFRED (1988): Die Eisenbahn in Murnau am Staffelsee. In: *Jahresbericht 1988, Historischer Verein Murnau am Staffelsee e.V.* (= Schriften des Historischen Vereins Murnau am Staffelsee e.V., 9. Jg., Heft 13) Murnau: Selbstverlag.
HORVÁTH, ÖDÖN VON (1978): *Gesammelte Werke,* Werkausgabe Bd. 5. Frankfurt/M.: Suhrkamp [2]1978.
HRUSCHKA, MARION (1996): Eine Quelle zur Murnauer Bevölkerungs- und Wirtschaftsgeschichte aus dem Jahre 1679. In: *Jahrbuch 1996, Historischer Verein Murnau am Staffelsee e.V.* (= Schriften des Historischen Vereins Murnau am Staffelsee e.V., 17. Jg., Heft 17) Murnau: Selbstverlag, 19-64.
HRUSCHKA, MARION (1998): Die Auswirkungen der Revolution 1918/19 in Murnau. In: *Jahrbuch 1998, Historischer Verein Murnau am Staffelsee e.V.* (= Schriften des Historischen Vereins Murnau am Staffelsee e.V., 19. Jg., Heft 19) Murnau: Selbstverlag, 55-72.
HRUSCHKA, MARION (2001): *Murnau am Staffelsee.* Fotos von Charlotte Gampe. Leipzig: Stadt-Bild-Verlag.

HRUSCHKA, MARION (2002a): Murnau im Mittelalter und der frühen Neuzeit. In: *Markt Murnau am Staffelsee 2002:* 65 - 79.
HRUSCHKA, MARION (2002b): Weimarer Republik und Nationalsozialismus (1919-1945). In: *Markt Murnau am Staffelsee 2002:* 94 - 117.
HRUSCHKA, MARION (2002c): Vom Fremdenverkehr zum Tourismus. In: *Markt Murnau am Staffelsee 2002:* 184 - 194.
HRUSCHKA, MARION (2002d): Katholische Kirche. In: *Markt Murnau am Staffelsee 2002:* 196 - 216.
HRUSCHKA, MARION (2002e): Schriftsteller/innen in Murnau und Hechendorf. In: *Markt Murnau am Staffelsee 2002:* 368 - 371.
KELLNER, GEORG (2002): Die frühe Kirche im südwestlichen Oberbayern. In: *Lindwurm und Ramsachkirche.* Fakten und Mythen zur Murnauer Drachensage, zusammengetragen von Menschen Helfen e.V. Murnau: Selbstverlag o. J. [2002].
KRÖNNER, ERNST (1982): *Murnau – Bilder aus der Vergangenheit.* Band 1. Murnau: Selbstverlag.
KRÖNNER, ERNST (1983): *Murnau – Bilder und Berichte aus der Vergangenheit.* Band 2. Murnau: Selbstverlag.
KRÖNNER, ERNST (1986): Der ehrnust wohlfürnemb Herr Bartholomäus Dietrich, Etaler Richter in Murnau und sin Grabstein aus dem Jahr 1666. In: *Jahresbericht 1986, Historischer Verein Murnau am Staffelsee e.V.* (= Schriften des Historischen Vereins Murnau am Staffelsee e.V., 7. Jg., Heft 11). Murnau: Selbstverlag, 60 - 64.
KUNSTMANN, JOANNA W. (1994a): Emanuel von Seidl – eine Biographie. In: *Schlossmuseum des Marktes Murnau am Staffelsee 1993:* 8.
KUNSTMANN, JOANNA W. (1994b): Der Landschaftspark Emanuel von Seidls in Murnau. In: *Schlossmuseum des Marktes Murnau am Staffelsee 1993:* 25 - 31.
MARKT MURNAU (1987): Gemälde »Herzogin Maria Anna«, Erwerbung 1987. In: *Jahresbericht 1987, Historischer Verein Murnau am Staffelsee e.V.* (= Schriften des Historischen Vereins Murnau am Staffelsee e.V., 8. Jg., Heft 12). Murnau: Selbstverlag, S. 5.
MARKT MURNAU AM STAFFELSEE (Hg.) (1993): *Schlossmuseum Murnau* [Museumsführer]. Murnau: Selbstverlag o. J. [1993].
MARKT MURNAU AM STAFFELSEE (Hg.) (2002): *Markt Murnau am Staffelsee.* Beiträge zur Geschichte, Bd. 1. Redaktion und Konzeption: Dr. Marion Hruschka. St. Ottilien: EOS.
MURNAU UND DER STAFFELSEE. Sonderheft von: *Das Bayernland.* Illustrierte Halbmonatsschrift für Bayerns Land und Volk. Hg. von Dr. Georg Jacob Wolf, Sonderheft 7, 40. Jahrgang, 1. April-Heft 1929.
NASKE, KATHRINA (1984): Fassadengestaltung im Markt Murnau. Facharbeit Staffelseegymnasium Murnau. Abgedruckt in: *Jahresbericht 1984, Historischer Verein Murnau am Staffelsee e.V.* (= Schriften des Historischen Vereins Murnau am Staffelsee e.V., 5. Jg., Heft 8). Murnau: Selbstverlag, 57 - 83.
PLEDL, WOLFGANG (2002): Die wirtschaftliche und soziale Entwicklung im 19. und 20. Jahrhundert. In: *Markt Murnau am Staffelsee 2002:* 143 - 162.
POPHANKEN, ANDREA (1997): *Kaulbach-Villa Ohlstadt.* Ohlstadt: LVA Unterfranken.
POPHANKEN, ANDREA & CHRISTIANE ZEILLER (2002): »Macht über mich wirst Du stets nur durch Deine Schwäche, niemals durch Deine Stärke haben«. Friedrich August von Kaulbach, Quappi und Max Beckmann. In: *Schlossmuseum des Marktes Murnau 2002:* 20 - 34.
RYSER, FRIEDER & BRIGITTE SALMEN (1995): »Amalierte Stuck uff Glas/Hinder Glas gemalte Historien und Gemäld« Hinterglaskunst von der Antike bis zur Neuzeit. Murnau: *Schlossmuseum* (Ausstellungskatalog).

SALMEN, BRIGITTE (1994): Gesellschaftliches Leben im Seidl-Park. In: *Schlossmuseum des Marktes Murnau am Staffelsee 1993:* 32 - 45.
SALMEN, BRIGITTE (2000): James Loeb – Leben und Wirken. In: *Schlossmuseum des Marktes Murnau am Staffelsee 2000:* 17 - 72.
SALMEN, BRIGITTE (2002): Kunst und Kunsthandwerk. In: *Markt Murnau am Staffelsee 2002,* 320 - 363.
SALMEN, BRIGITTE (2003): *Wassily Kandisky. Gabriele Münter.* Künstler des »Blauen Reiters« in Murnau. Ein Kulturführer des Schlossmuseums Murnau.
SCHLOSSMUSEUM DES MARKTES MURNAU (1993): *Gelobtes Land. Emanuel von Seidl.* Parklandschaft in Murnau. Einst und Jetzt – Fotos, Dokumente, Relikte (Ausstellungskatalog). Murnau.
SCHLOSSMUSEUM DES MARKTES MURNAU (1996): *Gabriele Münter malt Murnau.* Gemälde 1908 - 1960 der Künstlerin des »Blauen Reiters« (Ausstellungskatalog). Murnau.
SCHLOSSMUSEUM DES MARKTES MURNAU AM STAFFELSEE (Hg.) (1994): *Ernst Haeckel – Ingeborg Haeckel. Natur erforschen, vermitteln, schützen* (Ausstellungskatalog). Murnau.
SCHLOSSMUSEUM DES MARKTES MURNAU (Hg.) (1999): *Wege in die Landschaft.* Ansichten oberbayerischer Moore im 19. Jahrhundert (Ausstellungskatalog). Murnau.
SCHLOSSMUSEUM DES MARKTES MURNAU AM STAFFELSEE (Hg.) (2000): *James Loeb 1867-1933. Kunstsammler und Mäzen.* Bearbeitet von Brigitte Salmen (Ausstellungskatalog). Murnau.
SCHLOSSMUSEUM DES MARKTES MURNAU (Hg.) (2002): *»Ich kann wirklich ganz gut malen.« Friedrich August Kaulbach – Max Beckmann* (Ausstellungskatalog). Murnau.
SEIDL, EMANUEL VON (1910): *Mein Landhaus.* Darmstadt: Verlags-Anstalt Alexander Koch.
SONDERER, LORENZ (1950): *Staffelsee- und Riegseegebiet.* Heimatbuch. Leonberg: Walter Schöberl o. J. [1950].
STUBENRAUCH, HANS (1929): ›Die Murnauer Revolution 1698.‹ In: *Murnau und der Staffelsee,* 212 - 214.
TWOREK-MÜLLER, ELISABETH (Hg.) (1988): *Horváth und Murnau 1924 - 1933.* Mit Beiträgen von Jakob Gebhardt, Ödön von Horváth, Traugott Krischke, Kurt Sontheimer, Elisabeth Tworek-Müller. Murnau: Ödön von Horváth-Verein, Wien: Erhard Löcker Verlag.
TWOREK, ELISABETH (2001): *Murnau in Murnau.* Wie ein Filmregisseur zu seinem Namen kam. Rundfunkmanuskript (Sendung: Sonntag, 28. Januar 2001, 13.30 - 14.00 Uhr/Bayern 2 Radio/»Land und Leute«).
TWOREK, ELISABETH (2002): Ödön von Horváth und Murnau. In: *Markt Murnau am Staffelsee 2002:* 371 - 376.
VAN TREECK-VAASSEN, ELGIN (1987): Notizen zu Leben und Werk des Glas- und Architekturmalers Max Emanuel Ainmiller. In: *Jahresbericht 1987, Historischer Verein Murnau am Staffelsee e.V.* (= Schriften des Historischen Vereins Murnau am Staffelsee e.V., 8. Jg., Heft 12) Murnau: Selbstverlag, 6 - 51.
WAGNER, FRIEDRICH (1943): Das Murnauer Moos in vor- und frühgeschichtlicher Zeit. In: *Dingler 1941,* 71 - 76.
WINGHART, STEFAN (2002): Eine frühchristliche Eisenglocke aus der Ramsachkirche bei Murnau a. Staffelsee. *Lech-Isar-Land, Weilheim,* 87 - 92.
WOLF, GEORG JACOB (1929): Emanuel von Seidl in Murnau. In: *Murnau und der Staffelsee,* 221 - 224.
WÜHRER, BARBARA (2002): Zur Vor- und Frühgeschichte Murnaus und seiner Umgebung. In: *Markt Murnau am Staffelsee, 2002:* 58 - 64.

Murnau-Bilder

74 Seidlpark Stele, Inschrift: »Wilhelm Meister 6. September 1904 Die Fischerin 29. Juli 1905«
75 Seidlpark-Dschungel
76 Güterwagen »Leer«
77 Murnau hier Murnau

78 Wilder Wein
79 Schloss Neuegling, Blick auf Riegsee
80 Hundefriedhof
81 Schloss Seeleiten/Wörthschloss
82 Eckhart Feuchtmayr, Seidlvilla Oberried 2
83 Villa Glitnirsheim, Hegemann-Villa
84 Im Garten der Villa Reinherz
85 Villa Reinherz
86 »Loeb-Villa«, Klinik Hochried
87 Park der »Loeb-Villa«

88 Martha Hamburger im Klepperboot in der Murnauer Bucht
89 Strandbad
91 Bade-Glück
92 Radler-Glück
93 Auf der »Seehausen«

94 Gabriele Münter 1920 Berlin, Foto: Hänse Herrmann Gabriele Münter und Johannes Eichner Stiftung München
95 Richtungen
97 Hinterglas-Kunst, Hanna Herrmann
98 Aidlinger Kapelle, Riegsee
99 Münter-Haus im Herbst
100 – im Winter
101 – im Umbau
103 »Deutschland erwache«
104 Friedrich Wilhelm Murnau Foto: Filmmuseum Berlin – Stiftung Deutsche Kinemathek
105 Griesbräu-Kino

106 Blasmusik
107 Vor dem Konzert
108 Dave Samuel im Kurgästehaus

109 Tango Argentino in der Westtorhalle Amira Campora & Michael Domke

110 Tarek Rasouli, Patient im UKM
111 »Fickt die Bahn«
112 Clique
112 Graffity
113 Joker und Pieta
114 Jugendheim
115 Marilynpark
116 Westtor-Fest
117 Sommerfest von »Menschen helfen«: »Auf der Villa« im Seidlpark

118 Traube, ehemals Gasthof, heute Hypovereinsbank
119 Pantl- im Untermarkt
120 Karg
121 – Wirtsstube
122 Hunger
123 Griesbräu
124 Pantl-Keller, heute Minimal, Foto: Karlo Müller
125 Ähndl-Biergarten
126 Erna kommt
127 Café Fodermair, heute Krönner
128 Herbst im »Linus-Garten« (Griesbräu)
129 Winter im Schlosscafe-Garten

130 Tür auf
131 Badwand
132 Entkernung
133 Heute Fußball

Rückseite: Vernissage in der Galerie DIE TÜR

Aufnahmen 1989 bis 2003, ©Ruth Rall, ausgenommen Dr. Ingeborg Haeckel, Gabriele Münter, F. W. Murnau, Martha Hamburger und Pantl-Keller.

Inhalt